Gustave de Beaumont

L'Irlande sociale, politique et religieuse

Essai

 Le code de la propriété intellectuelle du 1er juillet 1992 interdit en effet expressément la photocopie à usage collectif sans autorisation des ayants droit. Or, cette pratique s'est généralisée dans les établissements d'enseignement supérieur, provoquant une baisse brutale des achats de livres et de revues, au point que la possibilité même pour les auteurs de créer des œuvres nouvelles et de les faire éditer correctement est aujourd'hui menacée. En application de la loi du 11 mars 1957, il est interdit de reproduire intégralement ou partiellement le présent ouvrage, sur quelque support que ce soit, sans autorisation de l'Éditeur ou du Centre Français d'Exploitation du Droit de Copie , 20, rue Grands Augustins, 75006 Paris.

ISBN : 978-1985339620

10 9 8 7 6 5 4 3 2 1

Gustave de Beaumont

L'Irlande sociale, politique et religieuse

Essai

Table de Matières

L'Irlande sociale, politique et religieuse   6

L'Irlande sociale, politique et religieuse

M. Gustave de Beaumont, dans la préface de son excellent livre, remarque, avec beaucoup de raison, qu'aucun pays plus que l'Irlande ne mérite l'attention du moraliste et de l'homme politique. Il n'est aucun pays, en effet, qui, pendant une durée non interrompue de sept siècles, ait, tantôt sous une forme, tantôt sous l'autre, subi une si constante, une si dure oppression. Il n'est aucun pays où la tyrannie ait produit des effets plus visibles, et, par une juste expiation, créé pour les tyrans plus d'embarras et de périls. Jusqu'ici pourtant la situation de l'Irlande n'avait point été complètement décrite, et la raison en est simple. L'Irlande, depuis le milieu du XVIIe siècle, est liée à l'Angleterre par ses institutions et ses lois, tandis qu'elle en est séparée par ses sentiments et ses mœurs. Pour se former une opinion saine et complète, il faut donc connaître à la fois les institutions et les lois de l'Angleterre, les mœurs et les sentiments de l'Irlande. Puis, il faut rapprocher les deux termes du problème, les comparer, et examiner si de cette comparaison ne sortirait pas l'explication toute naturelle de faits étranges dont, au premier abord, l'esprit ne peut se rendre compte. C'est là un travail très compliqué, très difficile, et que bien peu d'écrivains, dans le temps où nous vivons, auraient eu le courage d'entreprendre et la patience d'achever. On doit donc une véritable reconnaissance aux hommes qui, comme M. de Beaumont, savent, pendant plusieurs années de leur vie, s'affranchir de nos vagues préoccupations, et concentrer sur un point déterminé toutes les forces de leur esprit. Pour découvrir la vérité, M. de Beaumont, d'ailleurs, n'a rien négligé ; il a fait deux voyages en Irlande et visité les recoins les plus obscurs et les plus ignorés de ce malheureux pays. Il a lu tous les documents anciens ou modernes qui pouvaient l'éclairer, et, ce qui vaut mieux encore, il a interrogé les hommes notables de tous les partis. Puis, recueillant ses souvenirs, il a écrit un livre où l'on peut sans doute signaler quelques défauts et quelques lacunes, mais qui n'en est pas moins un des ouvrages les plus remarquables de l'époque.

Ce qui a frappé d'abord M. de Beaumont, et ce qui frappe tous ceux qui visitent l'Irlande pour la première fois, ce sont les contrastes qu'elle présente. L'Irlande n'est certainement pas le seul pays où il y ait en haut un luxe insolent, en bas une révoltante pauvreté ; mais il existe d'ordinaire une série de situations intermédiaires qui forment transition, et qui atténuent la dissonance. En Irlande, dans les campagnes du moins, ces situations intermédiaires manquent, et l'œil n'aperçoit que des châteaux magnifiques ou des huttes misérables, que des riches qui ne se refusent aucune de leurs fantaisies, ou des pauvres qui meurent de faim. En Irlande, en un mot, la classe moyenne ne fait que de naître, et sur une population de huit millions d'hommes, on ne compte guère moins de trois millions d'indigents. C'est là un état de choses dont l'humanité gémit et dont la politique s'inquiète. C'est un état de choses qui ne saurait durer sans menacer sérieusement le repos et la puissance des trois royaumes unis. Aussi, l'Irlande est-elle devenue, en Angleterre et en Écosse, l'objet principal de la préoccupation publique. Quelle est la cause des malheurs de l'Irlande ? Et, cette cause connue, comment peut-on en détruire les effets ? Telle est la double question que se posent les hommes d'état de tous les partis, et qu'aucun d'eux n'a su résoudre jusqu'ici. Plus impartial et plus libre, M. de Beaumont l'a-t-il complètement résolue ? Je n'oserais le dire. Je crois pourtant qu'il a vu plus loin que ses devanciers et pénétré plus avant.

Et d'abord M. de Beaumont a parfaitement compris que c'est surtout à l'Irlande des siècles passés qu'il faut demander l'explication de l'Irlande actuelle. Il a donc fait précéder la partie critique de son livre d'une introduction qui résume rapidement les principales phases d'une histoire trop peu connue. Comme ce morceau est, en quelque sorte, la base de tout l'édifice, il importe d'en donner une idée avant de toucher au fond même de la question.

C'est en 1169, sous Henri II, que les Anglo-Normands mirent pour la première fois le pied en Irlande, sur cette terre où ils devaient apporter tous les inconvénients de la conquête, sans aucun de ses avantages. Ailleurs en effet, par la fusion qu'elle opéra entre des races jusqu'alors étrangères l'une à l'autre, la conquête, en définitive, renouvela les institutions, fortifia les mœurs, épura les croyances, et prépara ainsi les progrès de la civilisation ; mais en Irlande, où cette fusion ne put avoir lieu, la conquête n'eut d'autre effet que de pervertir à la fois les vainqueurs et les vaincus, et de les condamner à une lutte éternelle. M. de Beaumont explique très bien comment les causes mêmes qui rendirent la conquête facile l'empêchèrent ensuite de s'étendre et de se consolider. La première de ces causes, c'est le fractionnement de l'Irlande, subdivisée en une foule de principautés trop isolées et trop faibles pour résister à l'invasion, mais trop nombreuses et trop indépendantes pour qu'on pût les soumettre toutes à la fois. La seconde, ce sont les liens étroits qui continuèrent à subsister entre les conquérants et la mère-patrie. Établis sur quelques points de la côte, les Anglo-Normands regardaient leurs possessions irlandaises comme une ferme ou comme un comptoir, et dès 1295, sous Édouard Ier, l'absence habituelle des principaux propriétaires passait, aux yeux d'une portion de l'Irlande, pour une calamité nationale. Ainsi au dedans du territoire conquis (le *pale*) les Anglo-Normands avec leurs idées, leurs mœurs et leurs institutions, telles qu'ils les avaient apportées d'Angleterre ; au dehors les Irlandais avec leurs lois, leurs coutumes, leurs croyances, telles qu'ils les avaient reçues de leurs pères ; puis, entre ces deux populations si différentes, une guerre tantôt sourde, tantôt ouverte, mais qui ne permettait aucune espèce de fusion : tel fut l'état de l'Irlande pendant un siècle et demi.

Une circonstance pourtant existait, qui devait mettre fin à cette déplorable situation et préparer entre les Anglais établis en Irlande et les Irlandais une assimilation salutaire. Les Anglais trouvaient très bon de conserver sur le sol conquis l'organisation féodale de l'Angleterre et de s'en servir pour opprimer les Irlandais ; mais ils trouvaient très mauvais qu'au nom même et en vertu de cette organisation féodale, le roi d'Angleterre prétendît leur dicter des lois et les asservir. Dès le XIIIe siècle, il s'établit entre le roi d'Angleterre et les Anglais établis en Irlande une lutte persévérante et qui ne pouvait manquer de rapprocher, dans un intérêt commun, tous ceux qui habitaient le même sol. Aussi voit-on dans les vieux historiens que, dès le milieu du XIVe siècle, les Anglo-Normands avaient adopté les mœurs, la langue et les lois du peuple vaincu. Bien plus que le peuple vaincu, ils repoussaient d'ailleurs la domination anglaise, ce qui les faisait accuser d'être plus Irlandais que les Irlandais eux-mêmes, *Hibernis hiberniores*. S'ils se fussent alors saisis de l'indépendance qu'ils revendiquaient, tout prouve que les traces de la conquête se seraient promptement effacées ; mais l'Angleterre n'était pas à cette époque moins ennemie qu'aujourd'hui de l'indépendance irlandaise, et moins déterminée à rester maîtresse à tout prix. En 1366, sous Édouard III, elle eut donc, pour la première fois, recours à un moyen souvent employé depuis et qui, en rajeunissant la conquête, devait en maintenir toutes les violences et toutes les rigueurs. Ce moyen, on le sait, fut de substituer aux anciens conquérants des conquérants nouveaux, purs de tout contact avec le peuple vaincu. Les Anglais nés en Irlande furent déclarés incapables d'être propriétaires, et d'autres Anglais vinrent se mettre à leur place. En outre, pour empêcher que ceux-ci ne finissent, comme leurs prédécesseurs, par oublier leur origine, le fameux statut de Kilkenny interdit, sous peine de mort, de contracter mariage avec les Irlandais et de vivre selon leurs lois et leurs mœurs. Ce fut alors un crime de prendre le costume des naturels du pays, de laisser, à leur imitation, pousser sa barbe sur la lèvre supérieure, et de parler leur langue. Ce fut un crime aussi d'entretenir avec eux les plus simples relations de bon voisinage, par exemple, d'accorder sur des terres anglaises le droit de pâture à leurs troupeaux.

Ainsi, à dater du statut de Kilkenny, il resta bien établi en droit qu'il devait y avoir en Irlande non-seulement deux peuples, mais deux races entre lesquelles la loi plaçait toujours une barrière insurmontable. Il resta bien établi que l'une de ces deux races était la maîtresse de l'autre, et que celle-ci n'avait que le choix entre la servitude ou la guerre. Est-il étonnant que la guerre, une guerre terrible, acharnée, ait été pendant deux siècles entiers la conséquence d'une telle législation ?

Si la conquête se fût étendue sur l'île entière, le statut de Kilkenny, malgré les injonctions de l'Angleterre, n'aurait pourtant pu subsister longtemps dans toute sa rigueur. Il est possible de maintenir la séparation de deux races juxta-posées, et la sujétion de l'une à l'autre, quand elles diffèrent profondément, comme la race noire et la race blanche ; mais, entre la race anglaise et la race irlandaise, la différence était trop petite pour que, réunies sur le même sol, elles n'arrivassent pas à se rapprocher et à se fondre. Ce qui les tint séparées, c'est que jusqu'à la fin du XVIe siècle la conquête ne dépassa point une limite très rapprochée de la mer. Ainsi, sous Henri VIII, 400 ans après la première invasion, le territoire de la colonie (le *pale*) se réduisait à un rayon de sept lieues. Henri VIII, au faite de la puissance, entreprit alors de soumettre le pays tout entier ; et soit qu'il réussît, soit qu'il échouât, il y avait pour l'Irlande dans cette entreprise les germes d'un meilleur avenir. Mais au moment où la distinction des races allait, sinon disparaître, du moins s'affaiblir, une autre distinction apparut bien plus durable, bien plus vivace, celle des religions. L'Angleterre venait de se faire protestante, et voulait que l'Irlande le fût comme elle. Henri VIII demandait donc à l'Irlande non-seulement de reconnaître la suprématie politique de l'Angleterre, mais de se soumettre à sa suprématie religieuse, non-seulement d'accepter ses lois, mais d'adopter ses croyances. C'était une tyrannie pire que toutes les autres, et à laquelle l'Irlande catholique eut l'honneur d'opposer une invincible résistance.

On sortirait des bornes d'un article, si l'on voulait suivre ici dans toutes ses phases la lutte terrible qui commença sous Henri VIII et finit sous Guillaume III, un siècle et demi plus tard. Pendant cette longue et sanglante période, tous les moyens, depuis la confiscation en masse des propriétés jusqu'à la déportation des habitants, furent employés à plusieurs reprises. A cet égard, Élisabeth et Jacques Ier, Charles Ier et Cromwell, Charles II et Guillaume III n'eurent qu'un esprit et qu'une politique. A la fin du XVIIe siècle, les catholiques d'Irlande, dépouillés de leurs biens et de leurs droits, persécutés, décimés, écrasés, étaient encore pourtant aux protestants dans la proportion de quatre à un. Il est vrai que sur onze millions d'acres de terre, ils n'en possédaient plus qu'un, et que ce million même était concentré dans cinq à six grandes familles anglaises. Ainsi la conquête était complète, et le sol tout entier avait cessé d'appartenir aux anciens habitants du pays.

Il faut remarquer que ce n'est plus à titre d'Irlandais qu'ils se trouvaient dépossédés, mais à titre de catholiques. S'il y avait deux lois pour les deux religions, il n'y en avait plus qu'une pour les deux races, et un Irlandais protestant eût compté parmi les vainqueurs, de même qu'un Anglais catholique parmi les vaincus. Comme malgré, les persécutions et les tentations, les Irlandais étaient restés tous fidèles à leur culte, il n'en résultait pourtant dans leur situation aucun changement réel. Seulement le sentiment religieux venait fortifier le sentiment national, et un nouveau sujet de colère et de haine se joignait aux anciens.

On sait qu'à cette époque commença pour l'Irlande un nouveau genre d'oppression, l'oppression légale et systématique. Pendant la lutte, l'Angleterre avait agi contre l'Irlande catholique violemment, arbitrairement, selon les passions et les besoins du moment. La lutte finie, elle crut devoir régulariser la persécution ; de là sous Guillaume et sous la reine Anne, le code pénal, ce code qu'un siècle plus tard Burke flétrissait comme le plus puissant et le plus habile instrument d'oppression qui ait jamais été inventé par le génie pervers de l'homme. On ne défendit plus alors aux catholiques de rester fidèles à leur culte ; mais l'exercice de ce culte fut entouré de tant de restrictions et de pièges, qu'il devint à peu près impossible. Déchus d'ailleurs du droit d'élire et d'être élus, exclus de tous les emplois de l'armée, de la marine, de la magistrature et même du barreau, déclarés incapables d'acquérir des propriétés immobilières, et de faire de longs baux ; forcés, s'ils voulaient exercer le commerce ou l'industrie, de se soumettre aux taxes et aux vexations dont les accablaient des corporations exclusivement protestantes, ils furent frappés à la fois dans leur vie politique et dans leur vie civile. On ne respecta même pas leur vie domestique, et des lois intervinrent d'une part pour enlever au père catholique la tutelle de ses enfants, de l'autre pour le dépouiller de sa fortune au profit de celui de ses fils qui se ferait protestant.

Je ne puis ici qu'indiquer brièvement les dispositions principales du code pénal. Il en est pourtant de plus humiliantes encore, celle par exemple qui autorisait tout protestant à prendre au prix de 5 liv. st. tout cheval appartenant à un catholique, et celle qui interdisait aux catholiques d'avoir des armes, même pour leur défense personnelle. Au reste, j'en ai dit assez pour qu'on comprenne la situation des catholiques irlandais au commencement du XVIIIe siècle. Il faut ajouter que loin d'user modérément de leur supériorité légale, les protestants en abusaient scandaleusement, et ne se piquaient, lorsqu'il s'agissait des papistes, ni de justice ni d'humanité.

Mais si l'Irlande catholique souffrait, l'Irlande protestante était-elle du moins libre et heureuse ? Point du tout, et ici apparaît dans tout son jour le pacte honteux dont avec une grande sagacité M. de Beaumont a trouvé les germes dès les premiers jours de la conquête. En vertu de ce pacte, tacitement convenu, l'Irlande protestante acceptait le joug de l'Angleterre, pourvu que l'Angleterre, en échange, l'aidât à opprimer l'Irlande catholique. Ainsi depuis Henri VII une loi existait, la loi Poyning, qui subordonnait complètement le parlement irlandais au parlement anglais, et donnait à celui-ci le droit de régir l'Irlande sans elle et, malgré elle ; mais toujours jusqu'aux lois pénales le parlement irlandais avait protesté contre cette loi. A dater de cette époque, les protestations cessèrent, et le parlement irlandais souscrivit à sa propre dégradation. Ainsi encore, il existait en Irlande des fabriques d'étoffes de laine très nombreuses, très riches, et qui entretenaient dans plusieurs comtés beaucoup d'aisance et d'activité. Ces fabriques, parce qu'elles portaient ombrage à l'Angleterre, furent anéanties presque sans réclamation de la part des prétendus représentants du pays.

En présence d'une telle politique, toutes réflexions seraient inutiles, et si l'on s'étonne, c'est qu'une nation de plusieurs millions d'hommes ait pu la supporter si longtemps. Ce n'est pourtant qu'en 1760 qu'éclatèrent les premières insurrections populaires. Encore ces insurrections n'eurent-elles alors aucun caractère politique ou religieux. Aux exactions des propriétaires et du clergé protestant, les petits fermiers répondirent par l'assassinat et par l'incendie ; mais rien n'annonçait encore qu'un grand mouvement, un mouvement national, se préparât. Il en fut autrement dix-huit ans après au moment de la guerre d'Amérique. Alors le sentiment du droit se réveilla, l'exemple des Américains agita les esprits, et l'Angleterre, effrayée et affaiblie, crut devoir conjurer l'orage en adoucissant les lois pénales. Peu de temps après, la guerre d'Amérique se prolongeant, la grande association des volontaires se forma dans le but apparent de résister à l'invasion étrangère, et cette association, espèce de parlement militaire qui choisissait ses chefs, discutait publiquement, votait des résolutions, et présentait des pétitions à la pointe des baïonnettes, commença, bien que composée presque exclusivement de protestants, à élever une voix hardie en faveur des principes éternels de la justice et du droit. On sait que le résultat de l'intervention des volontaires fut d'une part de nouvelles concessions aux catholiques, de l'autre l'abolition de la loi Poyning, et la reconnaissance formelle par l'Angleterre de l'indépendance du parlement irlandais.

Jusque-là la lutte n'était pas sortie du cercle des vieilles institutions anglaises, et des droits que ces institutions consacraient. Comme le remarque d'ailleurs très judicieusement M. de Beaumont, quelques-uns de ces droits ont toujours paru si sacrés en Angleterre, qu'au temps même de la plus dure oppression, les Irlandais catholiques n'en étaient pas entièrement privés. Ainsi, quand les lois pénales leur enlevaient le droit de faire partie même des assemblées locales, et d'être propriétaires ou avocats, elles leur laissaient la faculté de s'assembler et de publier leur pensée. Obtenir à l'aide de ces libertés toutes celles dont jouissait l'Angleterre, tel était, en 1782, le dernier but des patriotes les plus ardents ; encore beaucoup d'entre eux répugnaient-ils, au fond de l'âme, à affranchir les catholiques. Mais, sous l'influence de la révolution française, il naquit un parti bien plus hardi, bien plus radical, et qui, non plus au nom des institutions anglaises, mais au nom des droits de l'homme, réclama nettement l'égalité entre les catholiques et les protestants. Ce parti, en 1792, enfanta l'association des Irlandais-unis qui succéda à celle des volontaires, et qui obtint de l'Angleterre une troisième émancipation. On peut supposer que si les Irlandais-unis s'étaient tenus dans une juste mesure, les lois pénales eussent à cette époque reçu le dernier coup. Malheureusement, tandis que les uns se laissaient entraîner à l'idée d'en finir avec le passé, et, d'établir une république indépendante, les autres reculaient devant de tels projets, et cherchaient à les déjouer en se rapprochant du gouvernement. A la tête de ceux-ci se placèrent non-seulement les plus illustres des réformateurs protestants, Burke et Grattan, mais le clergé catholique lui-même. De là une réaction dont le gouvernement profita pour dissoudre les volontaires, et reprendre son pouvoir. De là aussi la sanglante insurrection de 1798, si effroyablement réprimée, et le bill d'union acheté d'un parlement corrompu et imposé à un peuple mutilé.

Ce qui s'est passé depuis est trop connu pour qu'il soit nécessaire de le rappeler. Je me contente de remarquer que la quatrième émancipation, celle de 1829, fut, comme celles de 1778, de 1782 et de 1793, arrachée à l'Angleterre par la nécessité. « J'ai accordé l'émancipation, disait il y a peu de jours sir Robert Peel à la chambre des communes, *parce qu'elle était inévitable.* » Et sir Robert Peel ajoutait que « s'il était impossible de refuser l'émancipation en 1829, il serait bien plus impossible encore de la reprendre aujourd'hui. » Si aujourd'hui l'Irlande catholique conserve les libertés qu'elle a conquises, ce n'est donc point à la justice de sa cause qu'elle en est redevable, mais à l'effroi qu'elle inspire. C'est là un fait très important et dont il est aisé de pressentir toutes les conséquences.

L'introduction historique d'où j'ai extrait tous ces faits est un morceau excellent, et auquel j'adresse un seul reproche, celui d'être trop court. Il est facile de voir que M. de Beaumont en sait plus qu'il n'en dit, et que pour ne pas dépasser les limites qu'il s'était imposées, il a abrégé plusieurs parties de son récit. Je citerai le passage où il indique, sans l'expliquer suffisamment, l'espèce de fusion qui, de 1169 à 1360, s'était opérée entre les Irlandais et les Anglo-Normands. Je citerai aussi tout ce qui se rapporte à l'invasion et aux progrès de la réforme en Angleterre et en Irlande. Il y a là un côté important de la question auquel M. de Beaumont ne me paraît pas s'être assez arrêté. Je ne saurais donc trop l'engager, quand viendra la deuxième édition de son livre, à prendre ses coudées franches et à élargir son cadre. Il lui suffit pour cela, j'en suis certain, de puiser dans les notes qu'il a déjà recueillies, peut-être même d'imprimer des fragments qu'il a déjà composés.

Quand on a lu l'histoire de l'Irlande, on doit comprendre, ce me semble, toutes les souffrances et tous les ressentiments de ce malheureux pays. Aujourd'hui cependant que l'acte de 1829 a complété l'émancipation, et détruit, ou peu s'en faut, les derniers vestiges des lois pénales, pourquoi ces souffrances subsistent-elles ? Pourquoi ces ressentiments ne se calment-ils pas ? Grace à l'administration juste et bienveillante du ministère whig, et à la salutaire influence d'O'Connell, l'Irlande, en ce moment, est paisible ; mais, quand on y regarde de près, il est aisé de voir que le calme n'est qu'à la surface, et qu'en dessous fermentent et s'agitent toutes les anciennes passions. D'un autre côté, il a été constaté par la dernière enquête que la condition matérielle de la population irlandaise est plus fâcheuse, plus misérable aujourd'hui qu'il y a soixante ans. Encore une fois, d'où vient cela ? et comment expliquer cette apparente anomalie ?

Il y a une première explication, c'est que l'œuvre de plusieurs siècles ne se détruit pas en un instant. Voilà une population que, pendant six cents ans, vous avez opprimée, appauvrie, écrasée ; voilà une population que vous avez condamnée à l'esclavage, à la misère, à l'avilissement, et parce qu'un jour il vous plaît de retirer la main de fer qui pesait sur ce pays, parce qu'il vous convient d'appeler cette population à une vie meilleure, vous vous étonnez de ne trouver ni les ressources, ni les sentiments que si soigneusement et si longtemps vous aviez cherché vous-même à étouffer. — Il n'y a rien, dites-vous, à faire avec un pays où les capitaux manquent, où l'industrie existe à peine, où l'agriculture languit. Il n'y a rien à faire avec une population sans activité, sans moralité, sans prévoyance de l'avenir. — En supposant qu'il en soit ainsi, n'est-ce pas vous qui l'avez voulu, vous qui l'avez fait ? Ne reprochez donc point à l'Irlande des torts qui sont les vôtres, et que la gravité des maux qu'elle vous doit ne vous serve point de prétexte pour lui retirer l'assistance dont elle a besoin.

Mais est-ce tout ? et est-il bien vrai que l'état actuel de l'Irlande tienne uniquement à ses anciennes souffrances, et que la cause en ait entièrement disparu ? Est-il vrai, en un mot, que depuis l'acte de 1829, les catholiques irlandais n'aient plus rien à demander, rien à désirer ? Est-il vrai du moins que, pour achever une guérison déjà fort avancée, il suffise de détruire ce qui peut rester encore du code de la conquête, et d'assimiler de tout point la législation de l'Irlande à celle de l'Angleterre ? M. de Beaumont n'est point de cet avis, et je ne vois rien à répondre aux motifs, graves qu'il fait valoir en faveur de son opinion. Comme c'est ici le point le plus important de la question, je dois m'y arrêter un moment.

Un grand fait a frappé M. de Beaumont. Entre les institutions de l'Irlande et celles de l'Angleterre, il n'existe aujourd'hui que de légères différences. Cependant, d'un côté du détroit, ces institutions sont, jusqu'à un certain point, salutaires et populaires, de l'autre, odieuses et funestes. Il faut donc que l'esprit soit différent si la lettre est la même. Or, la différence, quelle est-elle ? La voici, selon M. de Beaumont. En Irlande comme en Angleterre, l'aristocratie gouverne ; mais en Angleterre, l'aristocratie, sortie de la fusion des deux éléments normand et saxon, a été, pendant une longue suite de siècles, l'expression la plus haute des idées, des sentiments, des besoins nationaux. Qu'il y eût à fonder et à défendre les libertés du pays, à étendre sa puissance, à développer sa richesse, toujours l'aristocratie prenait le premier rang, toujours on la voyait réclamer la plus forte part des fatigues et des dangers. De là, malgré les vices inhérents à toute aristocratie, le respect qu'on lui porte et la confiance qu'elle inspire. De là aussi, dans l'état qui lui est soumis, beaucoup de liberté et de force. En Irlande, au contraire, étrangère par la race d'abord, puis par la religion, l'aristocratie ne s'est jamais mêlée à la masse de la nation que pour l'opprimer, pour l'insulter, pour la dépouiller. De là la haine héréditaire dont elle est justement l'objet. De là aussi la misère et la servitude du pays sur lequel elle a pesé si longtemps.

Ainsi la source des maux de l'Irlande, c'est une mauvaise aristocratie. Tel est le point de départ de M. de Beaumont, tel est le fait duquel, par une analyse rigoureuse, il déduit successivement tous les autres. Peut-être ici M. de Beaumont a-t-il trop cédé au désir de trouver une formule générale qui résumât tous les griefs de l'Irlande et qui expliquât toutes ses souffrances. Quand les soldats de Cromwell dépouillaient les catholiques de leurs propriétés et les refoulaient dans le Connaught ; quand, pour en finir plus vite, ils enlevaient en un jour mille jeunes filles qu'ils vendaient comme esclaves à la Jamaïque ; quand enfin, maîtres du sol, ils le partageaient entre eux pour ne rien laisser à ses anciens possesseurs, il est difficile de voir dans cet effroyable abus de la force l'œuvre de l'aristocratie. Et cependant, de toutes les tyrannies qu'a subies l'Irlande, la tyrannie de Cromwell est celle qui a laissé dans le pays les traces les plus profondes et les plus amers souvenirs. Mais, cette réserve faite, il n'en est pas moins incontestable que l'aristocratie irlandaise mérite tous les reproches qui lui sont adressés. Il n'en est pas moins incontestable aussi que la situation de l'Irlande donnée, il n'en pouvait être autrement. C'est ce que M. de Beaumont a parfaitement démontré dans quelques chapitres qui, par la sagacité des vues, par la vigueur du raisonnement, par la fermeté du style, rappellent tout-à-fait le beau livre de M. de Tocqueville. Pour rendre justice à ces chapitres, il faudrait les citer tout entiers ; mais je dois me borner à en indiquer brièvement les principaux résultats.

Avant les réformes qui, depuis dix ans, ont commencé à ruiner l'aristocratie et à lui ravir une partie de ses attributions, l'organisation civile, politique et religieuse de l'Angleterre était quelque chose de logique et de complet. Maîtresse, par son droit, de la chambre héréditaire, et, par son influence, de la chambre élective, l'aristocratie, grâce à l'institution des juges de paix, étendait sa main puissante sur la police, sur une portion notable de la justice et sur toute l'administration provinciale. La vénalité des emplois dans l'armée, et l'impossibilité pour les sous-officiers de s'élever au grade d'officier, lui assuraient en outre le monopole glorieux de la défense du pays. Ce n'est pas tout encore. En Angleterre, on le sait, l'église est entièrement liée à l'état, et fait partie en quelque sorte du gouvernement. Or, l'aristocratie, par les bénéfices qu'elle possédait à titre de propriétaire, aussi bien que par ceux dont la couronne conservait la libre disposition, s'était cantonnée dans l'église comme partout ailleurs, et se trouvait investie de la direction religieuse et morale du pays. L'enseignement public faisait ainsi partie de son domaine, et les professions libérales, celles dont l'exercice est subordonné à de certaines épreuves, relevaient d'elle en quelque sorte et devaient obtenir sa bienveillance et son assentiment.

A côté de ces institutions, il est vrai, il en existait d'autres qui procédaient d'un principe différent, par exemple, l'organisation de la paroisse, ce vieil asile de la liberté saxonne, et les corporations municipales ; mais les attributions de la paroisse étaient singulièrement restreintes et ne formaient qu'un bien faible contre-poids. Quant aux corporations municipales, une aristocratie de second ordre les avait presque partout envahies, de sorte qu'elles étaient devenues le réceptacle des abus les plus criants et les plus scandaleux.

Le gouvernement, la justice, l'armée, l'église, l'enseignement, c'est-à-dire tout ce qui constitue la vie politique, civile et intellectuelle d'un pays, se trouvait donc en Angleterre réuni et concentré dans un petit nombre de familles. Transportez maintenant de telles institutions dans un pays où entre l'aristocratie et le peuple il n'y ait rien de commun, et suivez-les dans tous leurs développements ; n'est-il pas évident que vous aurez constitué le plus intolérable des despotismes, un despotisme qui n'aura de limite et de frein que dans les représailles sanglantes auxquelles de temps à autre le désespoir poussera les populations opprimées ? N'est-il pas évident aussi que tant qu'il restera la plus petite parcelle de ce despotisme, on ne pourra espérer ni prospérité ni repos ? Or, telle a été, telle est encore jusqu'à un certain point, la condition de l'Irlande.

Il y a donc là un mal qu'il faut extirper radicalement, si l'on veut relever l'Irlande de sa dégradation. Maintenant, pour obtenir ce résultat, deux voies sont ouvertes, changer les hommes tout en maintenant les institutions, modifier profondément les institutions sans toucher aux hommes. En d'autres termes, on peut s'efforcer de substituer une aristocratie nationale à une aristocratie qui ne l'est pas, ou détruire l'aristocratie elle-même, en la frappant dans ses pouvoirs et dans ses privilèges. C'est à ce dernier parti que s'arrête M. de Beaumont.

Ce parti est-il le meilleur ? Quelques bons esprits le nient et reprochent à M. de Beaumont de s'être mépris sur les véritables sentiments et sur les intérêts bien entendus de l'Irlande. Je crois que c'est faute d'y avoir suffisamment réfléchi. Il est aisé de dire que si l'Irlande possédait une aristocratie telle que l'aristocratie anglaise, l'Irlande serait de tout point semblable à l'Angleterre. Mais en supposant même que ce raisonnement fût juste, il resterait à découvrir en Irlande, hors du parti anglo-protestant, les éléments de cette aristocratie. Or, ces éléments où sont-ils ? Dans les grands propriétaires catholiques ? Ils sont un contre dix. Dans les commerçants et les industriels ? C'est à peine s'ils sont assez nombreux et assez riches pour donner à la classe moyenne naissante quelque force et quelque ascendant. Dans les hommes qui exercent les professions libérales ? Toutes leurs habitudes et tous leurs instincts les portent vers les idées démocratiques. Si l'on voulait constituer en Irlande une aristocratie catholique, il faudrait donc commencer par confisquer les terres des protestants, non pour les diviser, mais pour les donner telles qu'elles existent aux descendants des vieilles familles irlandaises autrefois dépouillées. Est-ce là ce qu'on propose ? et existe-t-il au XIXe siècle un homme d'état assez insensé pour rêver un pareil projet ? En supposant que l'œuvre fût possible, on ne ferait d'ailleurs que déplacer la tyrannie et remplacer l'oppression de la majorité parcelle de la minorité. J'ajoute qu'après avoir justement maudit l'aristocratie pendant sept siècles, le peuple irlandais ne peut guère séparer le principe de ses résultats, et se contenter d'un changement de garnison, le jour où il se sent maître d'abattre la forteresse.

Sous tous les rapports, M. de Beaumont a donc parfaitement raison de regarder comme une chimère la substitution d'une aristocratie catholique à l'aristocratie protestante. Il a raison, par conséquent, de chercher dans la réforme des institutions le moyen de soustraire définitivement l'Irlande à la tyrannie qu'elle subit depuis si longtemps. En quoi cette réforme doit-elle consister, et jusqu'où convient-il de la pousser ? Telle est la question qui reste à examiner. Je commence par la loi civile.

Au temps des lois pénales, la propriété catholique et la propriété protestante étaient régies en Irlande par des lois différentes. Aujourd'hui toute propriété relève d'une seule loi, la loi anglaise, qui, on le sait, a pour but avoué d'empêcher autant que possible la terre de se diviser et de changer de mains. Mais si en Angleterre la propriété immobilière est l'apanage d'un petit nombre de familles, à côté de cette propriété, il en est une autre que l'industrie crée, que l'épargne augmente, et qui, plus puissante chaque jour, marche déjà de pair avec son orgueilleuse rivale. Ainsi, en Angleterre, sur plus de seize millions d'habitants, il y en a cinq millions seulement voués à l'agriculture, de sorte que plus des deux tiers de la population échappent à la dépendance des maîtres du sol. En Irlande, au contraire, sur huit millions d'habitants, un million et demi tout au plus demandent leurs salaires à l'industrie et au commerce. Six millions et demi sont donc attachés au sol ou privés de tous moyens d'existence. Appliquez maintenant la loi anglaise à un tel état de choses, et voyez quels en doivent être les résultats. D'une part, une population misérable, dégradée que ne soutient ni n'excite l'espoir de devenir à son tour propriétaire ou d'améliorer son sort par son intelligence et son activité ; de l'autre, une race de propriétaires dure, égoïste, insensible à des maux trop nombreux et trop invétérés pour qu'elle puisse les soulager, ne songeant qu'à tirer du sol le plus gros revenu possible avec la plus petite mise de fonds : c'est, en effet la situation de l'Irlande. Comme après tout, dans ce malheureux pays, la terre est la seule ressource et qu'il faut en occuper un fragment ou mourir, tout le monde se jette sur la terre avec frénésie, avec désespoir, et s'en dispute les lambeaux. De là, par un contraste étrange, des fermages qui augmentent à mesure que la misère s'accroît. Ajoutez qu'entre le propriétaire et le cultivateur véritable il y a souvent trois ou quatre intermédiaires dont chacun a ses profits à faire, et qui pèsent tous à la fois sur le pauvre paysan. Ajoutez aussi qu'en définitive la terre, dans ce système, produit moitié moins qu'en Angleterre et en Écosse, et que les abus de la grande propriété et les inconvénients de la petite culture se trouvent ainsi réunis.

Ceux qui voudraient se faire une idée exacte des diverses manières d'exploiter la propriété en Irlande, et de toutes les souffrances auxquelles la population est condamnée, doivent lire le livre de M. de Beaumont. Je ne puis ici que constater le mal et indiquer le remède. Ce remède, c'est selon M. de Beaumont et selon presque tous les écrivains qui ont étudié la question, de faire en sorte que le peuple puisse devenir propriétaire. Mais il reste à savoir comment on peut obtenir cet heureux résultat. Un publiciste allemand dont l'ouvrage a eu beaucoup de succès, M. Van Raumer, va droit au but et demande tout simplement que les fermiers soient déclarés propriétaires. M. de Sismondi, sans trancher aussi brusquement la question, désire que le droit des propriétaires soit converti en une rente foncière dont un acte législatif déterminerait la quotité. M. de Beaumont répudie de tels moyens comme injustes et violents. Il veut, quant à lui, non qu'on dépouille ceux qui possèdent aujourd'hui, mais qu'on rende la propriété accessible à ceux qui ne possèdent pas. Pour cela il propose d'une part d'abolir les substitutions et le droit d'aînesse, de l'autre de délivrer la propriété de toutes les entraves légales qui l'enchaînent aujourd'hui. Ainsi, une des principales difficultés que rencontrent en Irlande comme en Angleterre la vente et le morcellement des héritages, c'est l'obscurité dont, par l'absence de tous actes publics, la propriété est enveloppée ; c'est aussi le prix énorme qu'il en coûte pour faire examiner par des hommes de loi des titres imparfaits. Il est clair qu'il y a là, sans injustice et sans violence, d'utiles réformes à introduire et une lacune à combler.

M. de Beaumont remarque d'ailleurs que ces réformes seraient faciles en Irlande. En Angleterre, où la propriété féodale est restée populaire, on s'occupe plus de l'héritage que de l'héritier. C'est donc avec une certaine douleur que l'on verrait disparaître ces terres si belles et si admirablement cultivées, où le parc et les fermes se réunissent pour former un ensemble parfait. Mais en Irlande il n'y a rien de semblable, et hors des limites du parc, la propriété la plus étendue n'offre plus que le triste spectacle d'un morcellement poussé jusqu'à ses dernières limites. L'œuvre devant laquelle recule l'Angleterre est donc accomplie, et il ne s'agit plus que de savoir s'il vaut mieux que chaque demi-acre de terre soit cultivé par un propriétaire ou par un fermier, par un homme libre ou par un serf. Ainsi posée, la questionne saurait être douteuse.

Dans l'ordre politique, il semble, si l'on s'en tient aux apparences, que l'Irlande n'ait presque plus rien à désirer. Comme l'Angleterre, l'Irlande est maîtresse des droits essentiels sur lesquels repose la liberté politique et civile, le jugement par jury, l'indépendance des juges, la responsabilité des fonctionnaires, le droit de pétition et d'association, la liberté individuelle, la liberté d'enseignement. De plus, l'odieuse distinction qui existait entre les habitants d'un même pays a cessé, et les catholiques, électeurs et éligibles au même titre que les protestants, ne voient plus devant eux aucune carrière fermée. En reprenant quelques-unes des attributions jusqu'alors dévolues à l'aristocratie, et en se réservant sur quelques autres un droit de surveillance et de contrôle, le gouvernement central, d'ailleurs, a trouvé le moyen d'empêcher que le droit ne fût détruit par le fait. Reste, à la vérité, la question des corporations municipales sur laquelle la chambre des lords et la chambre des communes n'ont pu encore parvenir à s'entendre, mais qui ne peut manquer de finir bientôt par une transaction. Une fois cette transaction conclue, l'organisation politique de l'Irlande sera à peu de chose près semblable à celle de l'Angleterre, et ceux qui se bornent à demander l'égalité entre les deux pays paraîtront avoir gain de cause.

Malheureusement cette égalité restera purement nominale, et il suffit, pour s'en convaincre, de regarder au fond des choses. Aujourd'hui, sans doute, le gouvernement anglais, en pesant de tout son poids sur l'aristocratie irlandaise, contient ses mauvais penchants, et l'empêche d'abuser des instruments que la loi met entre ses mains. Ainsi, vers la fin du dernier siècle, l'aristocratie irlandaise, incapable de porter sa tâche, avait, à titre de soulagement, sollicité et obtenu une loi qui permettait au pouvoir exécutif, d'une part, de placer des magistrats salariés et révocables dans toutes les localités où les juges de paix ne suffiraient pas au service journalier de la justice ; de l'autre, de faire présider les réunions trimestrielles des juges de paix par un membre éclairé du barreau. Cette loi, le gouvernement s'en sert aujourd'hui contre l'aristocratie qui l'a faite, et pour assurer au pays une justice plus impartiale et une administration plus équitable. En même temps, en choisissant comme lords-lieutenants, comme sheriffs, comme juges, des hommes éclairés et libéraux, il remédie, autant qu'il le peut, au vice fondamental des institutions. Mais ces institutions n'en subsistent pas moins, et le jour où reviendrait au pouvoir un ministère complice de l'aristocratie, l'Irlande retomberait sous une oppression d'autant plus dure que ses tyrans auraient une revanche à prendre et des injures à venger. Ce sont alors, comme par le passé, les protestants les plus fanatiques qui jugeraient, qui administreraient, qui taxeraient une population catholique ; ce sont les protestants les plus fanatiques aussi qui useraient de la force publique au gré de leurs passions et de leurs intérêts.

Et qu'on ne dise pas que la situation serait la même si le pouvoir, au lieu d'appartenir à l'aristocratie, était centralisé. Entre faire le mal et le laisser faire, la différence est grande, surtout quand, après tout, la loi, sinon le droit, est du côté des oppresseurs. Pour parler clairement, un cabinet même ultra tory, s'il devait prendre sous sa responsabilité le gouvernement de l'Irlande, hésiterait à violer les grands principes de justice et d'équité qui, dans un pays comme l'Angleterre, ont toujours tant de puissance et de retentissement ; mais d'un autre côté un cabinet même tory modéré aurait difficilement le courage de résister à l'aristocratie irlandaise réclamant le libre usage de ses antiques privilèges, et s'emparant, au nom de la loi, de l'administration du pays.

Si cela est vrai, il est clair que l'unique moyen de soustraire l'avenir de l'Irlande à l'oppression, c'est d'arracher définitivement le pouvoir aux mains qui en ont tant abusé. On conçoit, d'ailleurs, facilement que, dans l'état actuel du pays, ce pouvoir ne puisse être réuni à la démocratie sans qu'elle en abuse à son tour. Le gouvernement doit donc en hériter, momentanément du moins, et jusqu'à ce que le pays soit capable de le prendre. Déjà quelques pas ont été faits dans cette voie, malgré l'opposition de la chambre des lords, et avec la pleine approbation du parti irlandais. Telles sont les lois qui obligent les juges de paix et les grands jurys à faire publiquement tous les actes de leurs fonctions, qui transportent au gouvernement central le choix et le contrôle de plusieurs agents salariés, qui créent enfin trois administrations centrales, l'une pour les travaux publics, l'autre pour l'instruction primaire, la troisième pour les pauvres. Telle est surtout la loi du 20 mai 1836 qui enlève à l'aristocratie la disposition de la gendarmerie, et qui la place exclusivement entre les mains du vice-roi. Mais de ces mesures partielles à une mesure générale et radicale la différence est grande, et pourtant sans une mesure générale et radicale, il n'y aura rien de fait.

Je n'examine pas si, pour opérer cette réforme, il faudrait, ainsi que le pense M. de Beaumont, supprimer la vice-royauté. J'incline pourtant à penser le contraire. Dans le système qui tend à assimiler en tout l'Irlande à l'Angleterre, rien sans doute ne serait plus logique et plus utile que cette suppression. Cependant, si l'on veut briser une unité factice, et gouverner l'Irlande d'après d'autres principes et d'autres règles, peut-être la vice-royauté est-elle nécessaire, ne fût-ce que pour marquer bien nettement la séparation administrative des deux pays. C'est, au reste, un point secondaire, et sur lequel il est difficile de se former d'avance une opinion. Je passe donc à la question religieuse, la plus grave de toutes celles que traite M. de Beaumont.

Il faut d'abord reconnaître les utiles et sages réformes qui, depuis dix ans, ont modifié en Irlande la situation de l'église anglicane. Ainsi le nombre des évêques a été réduit, et leur revenu diminué ; on a enlevé aux protestants le droit exorbitant de taxer les catholiques pour la réparation de leur église ; les dîmes enfin, de transformation en transformation, sont devenues une rente foncière payable par le propriétaire, et que l'état perçoit pour la rendre ensuite au clergé. Ce sont là des améliorations réelles, et que l'Irlande a bien accueillies. Comment se fait-il donc que ces améliorations, en définitive, n'aient produit aucun effet durable, et que l'église anglicane rencontre aujourd'hui les mêmes antipathies qu'il y a dix ans ? C'est que le mal était bien moins dans les abus de cette église que dans son établissement. Voyez, en effet, quelle singulière anomalie : sur huit millions à peu près d'habitants, il y a six millions et demi de catholiques, et six cent mille dissidents. La population anglicane n'arrive donc pas à un million sur huit. Néanmoins, tandis que les catholiques et les dissidents font eux-mêmes les frais de leur culte et paient leur clergé, l'église anglicane vit et prospère aux dépens de tous, de sorte que sur huit personnes qui contribuent à son entretien, il en est sept à qui elle est étrangère, si ce n'est ennemie. Que les dissidents, protestants comme les anglicans, et aisés pour la plupart, acceptent une telle loi sans trop se plaindre, cela se comprend. Mais qu'on se mette à la place des pauvres catholiques, et qu'on dise s'il n'y a pas là pour eux un sujet inépuisable de mécontentement et de colère. A la vérité on se met, pour les apaiser, en frais des raisonnements les plus savants et les plus ingénieux. On leur prouve, de par Ricardo, que ce qu'ils paient sous forme de dîme, ils le paieraient, si la dîme était supprimée, sous forme de fermage. Puis on leur présente le tableau séduisant du bien que ne peuvent manquer de leur faire deux mille *gentlemen* éclairés, aisés, et qui veulent bien résider au milieu d'eux. Malheureusement ces deux mille gentlemen passent leur vie à les maudire, et il ne faut pas un grand effort d'esprit pour comprendre que sans faire cadeau aux propriétaires du produit de la dîme, il serait aisé de l'employer en Irlande utilement pour le pays tout entier. En dépit des explications et des commentaires, le fait reste donc dans toute sa simplicité. Or, le fait, c'est que, malgré sa profonde misère, le pauvre catholique a deux prêtres à payer : le sien, au moyen d'une contribution volontaire ; celui d'un culte qu'il abhorre, au moyen de l'impôt ; l'un pour le secourir et le consoler dans ses souffrances, l'autre pour le mépriser et pour le persécuter.

Si de l'ensemble on descend aux détails, c'est bien autre chose encore. On a souvent cité l'exemple d'une certaine paroisse où il n'y avait que trois protestants : le ministre, le sacristain et le sonneur. Cet exemple est loin d'être unique, et M. de Beaumont, d'après la grande enquête, cite 42 bénéfices et 198 paroisses qui sont ou qui étaient alors précisément dans le même cas. Il existe même un diocèse, le diocèse d'Emly, qui, sur 96,000 habitants, compte 1200 anglicans seulement. Pour ces 1200 anglicans, il y a 15 églises, 17 bénéfices et 31 ministres salariés. Le nombre total des ministres de l'église anglicane est de 2,435, qui touchent ensemble un revenu de 22 à 25 millions. Sur cette somme, 8 millions sont absorbés par le haut clergé. Ajoutez que toutes ces richesses appartenaient jadis à l'église catholique, qui, dans les guerres religieuses, en a été violemment dépouillée au profit de sa rivale.

Il n'est donc point vrai que les réformes opérées depuis dix ans aient fait droit aux griefs légitimes de l'Irlande, et que l'égalité religieuse existe désormais en ce pays. En Angleterre, j'en conviens, elle n'existe pas davantage ; mais, en Angleterre, l'église dominante est celle de l'immense majorité, tandis qu'en Irlande c'est tout le contraire. En Irlande, il ne s'agit donc point, comme en Angleterre, d'examiner, du point de vue de la philosophie et de la politique, si une église dominante est en soi une bonne institution, et si le culte de la majorité doit être ou non investi de certaines prérogatives et de certains privilèges ; il s'agit de secouer le joug d'une église dont les privilèges et les prérogatives sont une insulte pour la majorité, et la blessent profondément dans ses sentiments les plus élevés, dans ses croyances les plus intimes ; il s'agit aussi d'affranchir une population misérable d'un impôt doublement odieux, puisqu'il pèse à la fois sur l'âme et sur le corps.

Maintenant, comment, sans réaction et sans violence, est-il possible de détruire en Irlande l'établissement anglican ? Il n'y a que deux moyens : laisser chaque congrégation religieuse payer elle-même ses prêtres, ainsi que le font aujourd'hui la congrégation catholique et les congrégations dissidentes ; salarier les ministres de toutes les communions. De ces moyens, le premier paraît le plus simple ; mais en y réfléchissant, on voit qu'il pourrait avoir de graves inconvénients. Pour l'église anglicane, établie sur tous les points du pays et habituée à une vie facile, ce serait d'abord une épreuve bien dure, et à laquelle il est douteux qu'elle résistât. Or, on ne doit pas oublier que les huit cent mille Irlandais qui professent la religion anglicane sont une des portions les plus éclairées, les plus riches, les plus industrieuses du pays, et que l'état leur doit, à plusieurs titres, aide et protection. D'un autre côté, une fois l'égalité religieuse proclamée et réalisée, n'est-il pas à craindre que l'indépendance absolue du clergé catholique ne devienne un danger public ? Aujourd'hui, placé en face du fanatisme anglican et des violences orangiste, le clergé catholique professe, en matière de tolérance et de liberté, les idées les plus libérales ; mais l'expérience des autres pays prouve que la pente naturelle du clergé catholique n'est pas de ce côté. Il est donc bon que le salaire soit entre l'état et lui un lien qui le contienne et le modère. Il est bon aussi qu'il soit un peu moins dans la dépendance du peuple, et qu'il n'ait pas besoin, pour vivre, de ménager ses passions et de flatter ses préjugés.

Telle était, en 1800, à l'époque de l'union, la pensée de Pitt, et le clergé catholique alors y consentait tout entier. L'étroit bigotisme de George III empêcha ce grand projet de se réaliser, et aujourd'hui, si l'on y revenait, c'est au sein du clergé catholique lui-même que se rencontrerait la plus vive résistance. Cependant il y a beaucoup de raisons de croire que cette résistance ne serait rien moins qu'invincible. Il n'est pas besoin de dire que dans ce système, tous les biens de l'église, c'est-à-dire six cent soixante-dix mille acres de bonnes terres, feraient retour à l'état, qui, en les vendant par parcelles, pourrait commencer à constituer en Irlande la petite propriété. Quant aux dîmes, elles deviendraient un impôt foncier qui se confondrait avec les autres. Ministres protestants et prêtres catholiques, tous seraient dans la même situation et recevraient du trésor public une égale allocation.

Ainsi, dans l'ordre civil, partage égal des successions ; dans l'ordre politique, abolition au profit du gouvernement central des privilèges aristocratiques ; dans l'ordre religieux, retour à l'état des propriétés ecclésiastiques de toute nature, et paiement égal des ministres de tous les cultes, telles sont les réformes que propose M. de Beaumont, réformes excellentes et que j'approuve toutes : mais ces réformes suffiraient-elles, et l'Irlande, une fois qu'elle les aurait obtenues, marcherait-elle d'un pas rapide vers une ère toute nouvelle de puissance et de prospérité ? M. de Beaumont paraît le croire, et je désirerais être ici encore de son avis. Malheureusement, il est une question à laquelle il attache peu d'importance, et qui, dans l'état actuel de l'Irlande, me paraît la première de toutes ; cette question, je n'ai pas besoin de le dire, est la question économique, surtout en ce qui touche la population. Comme c'est entre M. de Beaumont et moi le seul désaccord sérieux, je suis forcé, pour bien fixer le point en litige, de rappeler quelques principes et d'entrer dans quelques détails.

Parmi les vérités que l'économie politique moderne a mises en lumière, il en est une plus incontestable que toutes les autres et que nulle objection n'a pu ébranler jusqu'ici : c'est que la population, si elle n'était pas limitée par les moyens de subsistance, doublerait au moins tous les vingt ans. Quand les économistes anciens signalaient entre la population et la richesse d'un pays un rapport intime et nécessaire, ils avaient donc raison ; mais ils avaient tort quand ils en tiraient cette conséquence, qu'on favorisait les progrès de la richesse en donnant des encouragements directs à la population. C'était là prendre l'effet pour la cause, et intervertir la relation véritable des deux faits. La richesse n'augmente pas parce que la population s'accroît ; mais la population s'accroît parce que la richesse augmente, ce qui est bien différent. Sur ce point, tous ceux qui ont étudié la question sont aujourd'hui d'accord, et il n'y aurait pas assez de sifflets pour le législateur qui, dans une société comme la nôtre, viendrait, à l'exemple des anciens, proposer de donner des primes aux mariages précoces. En un mot, la population n'est point absolument trop grande ou trop petite, et vingt millions d'hommes, si la richesse s'est accrue dans une proportion suffisante, peuvent vivre dans l'aisance là où cinq millions seulement végétaient misérablement ; mais cinq millions d'hommes en revanche, si la richesse a suivi une progression contraire, peuvent mourir de faim sur le sol qui en nourrissait jadis vingt millions.

Maintenant supposez un pays où la richesse restant à peu près stationnaire, la masse à partager entre les habitants n'ait subi aucune altération sensible depuis deux ou trois siècles ; supposez que dans ce pays, néanmoins, par une déplorable imprévoyance, les mariages soient, plus que partout ailleurs, précoces et féconds ; supposez en un mot que, sous l'influence de causes diverses et compliquées, l'accroissement de la population tende sans cesse à dépasser de beaucoup l'accroissement des moyens de subsistance ; qu'arrivera-t-il ? Il arrivera nécessairement, ou que la mortalité, résultat de la misère, viendra rétablir un douloureux équilibre, ou que, pour vivre tous, les habitants devront se contenter chacun d'une plus petite part. On les verra donc d'abord renoncer à tout ce qui, dans un pauvre ménage, peut passer pour du superflu, puis supprimer une portion du nécessaire et descendre graduellement l'échelle de la civilisation. Mais enfin viendra le jour où, sur le logement, sur le vêtement, sur la nourriture, il n'y aura plus rien à retrancher sans tarir les sources de la vie. La population alors cessera de croître, et l'on se trouvera en face d'un pays deux fois plus peuplé et deux fois plus pauvre qu'auparavant.

Ce que je viens de présenter sous forme d'hypothèse est tout simplement l'histoire de l'Irlande depuis soixante ans. En 1776, lors du voyage que fit dans ce pays le célèbre Arthur Young, la population était à peu près de deux millions six cent mille habitants. Elle est aujourd'hui de huit millions, c'est-à-dire trois fois plus nombreuse. Mais bien que, pendant cet intervalle, il ait été successivement dégagé de presque toutes les chaînes légales qui garrottaient son activité, le peuple irlandais n'en est pas moins bien plus misérable qu'alors. Pour s'en convaincre, il suffit de comparer le récit d'Arthur Young à la dernière enquête. Ainsi, en 1776, le *cottier* (petit fermier ou simple ouvrier agricole) faisait entrer dans son régime alimentaire, outre les pommes de terre qui en étaient déjà la base, du lait, du pain d'avoine, et même un peu de poisson et de viande. Aujourd'hui, il se nourrit de pommes de terre seulement ; encore ces pommes de terre ne sont-elles pas de l'espèce qui contient le plus de substance nutritive, mais d'une espèce commune, malsaine, et qui n'a d'autre avantage que son excessive abondance. Ce n'est pas tout, et il y a quelque chose de bien plus significatif encore. En 1776, si la nourriture était grossière, du moins ne manquait-elle jamais. Dans les plus pauvres habitations, il y avait toujours pour tout le monde des pommes de terre à discrétion, et l'étranger, quel qu'il fût, partageait, sans faire tort à personne, le repas de la famille. Aujourd'hui il est rare que la provision de pommes de terre suffise pour toute l'année, et beaucoup de familles doivent, pour ne pas mourir de faim, se réduire pendant plusieurs mois à un seul repas par jour. Si telle est la situation de la population irlandaise dans les temps ordinaires, qu'on juge de ce qu'elle doit être quand la récolte est mauvaise ! Comme la nourriture habituelle de plusieurs millions d'hommes est la moins coûteuse qu'il y ait, il ne leur reste d'autre ressource, cette nourriture manquant, que d'apaiser leur faim, aussi longtemps que possible, avec des racines et des herbes sauvages. Alors apparaissent dans le pays désolé la fièvre et la famine, ces deux fléaux presque inconnus il y a soixante ans, et qui ravagent en peu de jours des paroisses tout entières.

Veut-on passer de la nourriture au logement et au vêtement, il faut encore arriver, à la même conclusion. En 1776, toujours selon Arthur Young, les pauvres Irlandais étaient passablement vêtus et logés. Aujourd'hui, ils habitent des tanières infectes et ne se couvrent que de haillons ; encore ces haillons sont-ils quelquefois une propriété commune et compte-t-on bon nombre de familles qui ne possèdent qu'un seul habillement complet pour deux individus. En résumé, la dépense totale d'un *cottier* qui, en 1776, était évaluée à 11 livres sterling, ne l'est plus aujourd'hui qu'à 6 ou 7 livres tout au plus. On peut estimer par là tout ce qu'il a perdu.

Ainsi, qu'on le remarque bien, en même temps qu'en Irlande les lois devenaient plus humaines et plus justes, la condition matérielle de la population empirait au lieu de s'améliorer ; en même temps que tombait, morceau par morceau, le code oppresseur qui pendant tant d'années avait paralysé toutes les facultés du pays, la misère publique augmentait. Comment expliquer cette monstrueuse anomalie si ce n'est par l'accroissement démesuré de la population ? En Angleterre, pendant cette même période, la population aussi s'est accrue, bien que moins rapidement ; mais comme la richesse croissait dans une proportion au moins égale, il n'en est résulté pour le pays que plus de puissance et de force. D'un côté du détroit, l'accroissement de la population a donc été un bien, parce qu'il n'a fait que suivre les progrès de la richesse ; de l'autre, il a été un mal, parce qu'il les a devancés.

M. de Beaumont ne paraît pourtant pas croire qu'en Irlande la population soit trop forte, et voici les principaux arguments qu'il apporte à l'appui de son opinion. L'Irlande, dit-il, est une contrée d'une rare fertilité, et qui, bien cultivée, pourrait nourrir vingt-cinq millions d'habitants. Si huit millions y vivent misérablement, c'est qu'avant de demander au sol ce qu'il leur faut pour exister, les Irlandais ont d'abord à y prendre ce qu'il leur faut pour payer des fermages exorbitants. La population diminuant, il y aurait bien dans le premier moment quelque amélioration ; mais dès que les propriétaires s'en apercevraient, ils augmenteraient proportionnellement leurs fermages. Donc, au bout de peu de temps, les pauvres Irlandais retomberaient précisément dans la même situation.

Je vais prendre ces objections une à une, et tâcher de prouver à M. de Beaumont lui-même qu'elles ne sont pas fondées.

Qu'il me permette d'abord de mettre en doute cette excessive fertilité de l'Irlande qui lui permettrait de nourrir vingt-cinq millions d'habitants. Il y a en Irlande, je le sais, quatre à cinq millions d'acres de terre qui n'ont point encore été mis en culture, et qui, moyennant de grands travaux d'assainissement et de défrichement, pourraient finir peut-être par donner de belles récoltes. Mais outre que ce résultat devrait être chèrement acheté, il est une circonstance qu'il ne faut pas oublier : c'est que, selon M. de Beaumont lui-même, la même étendue de terrain peut nourrir en pâturage une personne, en blé cinq ou six, et vingt en pommes de terre. Tout le terrain qui est aujourd'hui cultivé en pommes de terre ne nourrirait donc qu'une population moindre, si cette population, ainsi que M. de Beaumont le désire, mangeait un peu de pain et de viande. Il est vrai que l'Irlande exporte du blé, et que ce blé, dans ce cas, serait consommé dans le pays. En supposant même qu'il ne sortît plus d'Irlande un grain de blé, ce ne sont pas cinq cent mille quarters de froment environ et quinze cent mille quarters d'avoine qui ajouteraient sensiblement aux ressources alimentaires du pays. J'incline donc à penser que M. de Beaumont exagère la fertilité de l'Irlande ; j'ajoute qu'il pourrait avoir raison sur ce point sans que la question fît un pas. Il y a, on le sait, quelques terres qui produisent presque d'elles-mêmes ; mais quand cette première fécondité est épuisée, il faut, on le sait aussi, employer beaucoup de travail et de capital pour obtenir un nouveau produit. Peu importe donc ce que la terre d'Irlande ou de tout autre pays pourrait nourrir d'habitants si un capital double, triple ou quadruple était appliqué à cette terre. Tant que ce capital manque, c'est précisément comme si la terre était moins étendue et moins féconde ; car en définitive le produit résulte de la combinaison de deux éléments, la fécondité de la terre et le capital qui vient aider cette fécondité. Or, dans l'état actuel de la terre et du capital en Irlande, huit millions d'habitants ne peuvent parvenir à vivre qu'en substituant la pomme de terre au pain, Il y a là un fait contre lequel toutes les théories viennent se briser.

Mais, dit M. de Beaumont, s'il en est ainsi, c'est la faute du fermage. Que les propriétaires soient moins avides, et tout ira bien. A mon sens c'est là méconnaître la loi qui détermine la hausse et la baisse du fermage en Irlande comme partout. M. de Beaumont pense-t-il qu'un propriétaire soit maître de hausser son fermage comme il lui plaît, et uniquement parce qu'il a le désir d'augmenter son revenu ? Non, certes ; et M. de Beaumont sait aussi bien que moi qu'entre le propriétaire et le fermier, comme entre le vendeur et l'acheteur, il se fait un marché où l'un cherche à obtenir plus et l'autre à donner moins. De ce libre débat sort en général la fixation du prix véritable, de celui qui représente réellement la valeur de l'objet loué et vendu. En Irlande pourtant, il est très vrai que la balance penche toujours du côté du propriétaire, et que l'équilibre est détruit. Pourquoi cela ? Par la raison fort simple que pour chaque lambeau de terre il y a vingt concurrents qui surenchérissent les uns sur les autres, et finissent par offrir au propriétaire un prix qu'ils sont hors d'état de payer. Diminuez le nombre des concurrents, et les fermages baisseront nécessairement.

Cette vérité est si évidente, que M. de Beaumont lui-même ne peut s'empêcher de la reconnaître quelque part. « La concurrence des cultivateurs qui se disputent la terre, dit-il, élève encore plus le taux des fermages que l'avidité du propriétaire et du *middleman* (fermier-général). » Or, je le répète, cette concurrence excessive tient uniquement à un excès de population. Il est inutile, d'après cela, d'examiner si la question des fermages a toute l'importance que lui donne M. de Beaumont, et si l'abandon, par les propriétaires, de la moitié des fermages actuels, c'est-à-dire de 3 millions sterling (75 millions) suffirait pour ramener l'aisance en Irlande. Je crois que le taux énorme des fermages est un grand mal ; mais je crois en même temps que ce mal est le résultat nécessaire de la disproportion qui existe entre la population et les moyens généraux d'existence. Je crois que si on veut le guérir, c'est à cette disproportion qu'il faut remédier.

Ce que je viens de dire du fermage, je dois le dire aussi des salaires qui, pour le simple journalier, varient de 6 pence à 2 pence par jour (de 12 sous à 4 sous). Dans ce pays dénué d'industrie et chargé de bras inoccupés, le travail est peu demandé et beaucoup offert. La raison qui élève les fermages abaisse ainsi les salaires, et le pauvre Irlandais, pressé entre ces deux effets d'une même cause, s'enfonce chaque jour davantage dans sa misère et dans son imprévoyance. « Que voulez-vous ? finit-il par répondre aux sages conseils qu'on lui donne, nous ne pouvons être plus mal ; » et sous l'influence de cette pensée désolante il se marie dès qu'il est nubile, il met au monde des enfants qui, s'il est possible, seront encore plus malheureux que lui.

C'est donc, j'en suis profondément convaincu, une affreuse calamité pour l'Irlande que d'avoir triplé sa population en soixante ans, tandis que sa richesse restait presque stationnaire, ou du moins ne croissait que dans une bien plus faible proportion. Mais le mal est fait, et il faut songer aux moyens de le guérir. Le premier qui se présente à l'esprit, c'est l'émigration. On voit d'une part des populations qui meurent de faim sur un sol insuffisant à les nourrir ; on voit de l'autre, au-delà des mers, des terres fertiles et mal peuplées.

Quoi de plus simple que de déplacer ces populations, et de rétablir ainsi un équilibre désirable ? Malheureusement, dans ces beaux calculs, on oublie plusieurs choses assez importantes, le sentiment si naturel et si vif qui nous attache à la patrie, les dépenses énormes du déplacement, les chances auxquelles est exposée une famille jetée ainsi sur un sol qu'elle ne connaît pas, dans un climat qui lui est étranger, au milieu de populations qui la traitent en ennemie. Ajoutez que, pour que les effets de l'émigration se fissent sentir en Irlande, ce sont quatre millions d'hommes qui devraient chercher une nouvelle patrie. Or, cela est tout simplement impossible. Sur ce point, je partage donc entièrement l'avis de M. de Beaumont, et je ne vois rien à répondre au dilemme qu'il pose à peu près en ces termes : ou l'on veut que l'émigration ne s'applique qu'à deux ou trois cent mille individus, ou l'on entend qu'elle enlève une portion notable de la population. Dans le premier cas l'émigration est inutile, dans le second impraticable.

Deux vérités me paraissent également établies, l'une que la population en Irlande est trop nombreuse, l'autre qu'il n'existe aucune mesure à l'aide de laquelle on puisse brusquement la réduire. Faut-il donc se résigner et attendre en silence que, par un des moyens qu'elle tient en réserve, la Providence vienne remédier au mal ? Non, certes, et ici comme toujours, il y a des devoirs à remplir et des efforts à faire. Le problème, on ne doit pas l'oublier, a deux termes, d'une part le chiffre de la population, de l'autre la somme des moyens de subsistance. Qu'on diminue le premier, ou qu'on augmente le second, on ne tend pas moins à rétablir l'équilibre. Ce sont deux chemins fort différents en apparence, mais qui conduisent précisément au même but. Et, qu'on y fasse attention, il s'agit de tout autre chose que de prendre aux uns pour donner aux autres, de dépouiller, par exemple, les propriétaires pour enrichir les fermiers. Sans parler de l'injustice de tels moyens, ils seraient parfaitement impuissants. En Irlande, l'enquête le constate, les petits cultivateurs ont une part proportionnelle du produit brut de la terre aussi forte qu'en Angleterre ; mais, en Irlande les petits cultivateurs sont beaucoup plus nombreux, et le produit est beaucoup plus faible. Il en résulte que, la part relative étant la même, la part absolue est moindre. Il en résulte aussi que vouloir augmenter sensiblement la part absolue des petits cultivateurs sans réduire leur nombre ou sans augmenter le produit de la terre, c'est vouloir l'impossible.

Voici donc comment le problème doit être posé. La population irlandaise restant ce qu'elle est aujourd'hui, comment faut-il faire pour accroître en Irlande la masse des moyens de subsistance ? Comment faut-il faire notamment pour que moins de bras cultivent la terre et pour qu'elle produise davantage ? La commission d'enquête formée en 1835, et qui comptait à la tête de ses membres l'archevêque protestant et l'archevêque catholique de Dublin, proposait à cet égard divers moyens. D'une part, elle voulait que le gouvernement instituât un bureau d'amélioration nationale qui eût les pouvoirs nécessaires, 1° pour faire mettre en culture les terres non cultivées, et dessécher les terres marécageuses, même malgré le propriétaire, et en fixant la rente qui lui serait payée ; 2° pour contraindre les propriétaires à détruire les huttes malsaines bâties sur leur propriété, et pour les faire rebâtir tant à leurs frais qu'aux frais du district. De l'autre, elle demandait que des encouragements puissants fussent donnés à l'industrie, afin d'offrir à la population agricole un débouché nouveau, et en quelque sorte un moyen d'émigration à l'intérieur. Mais outre que quelques-uns de ces projets soulevaient de très graves objections, ils supposaient tous l'emploi d'un capital considérable. Or, ce capital, on le sait, n'existe point en Irlande, et c'est à l'y attirer que consiste la difficulté.

Beaucoup d'écrivains pensent que pour que les capitaux affluent en Irlande, il suffit de lui accorder sur-le-champ toutes les réformes politiques, civiles et religieuses auxquelles elle a droit. L'Irlande, disent ces écrivains, a un sol fertile, une population intelligente, des ports magnifiques, des voies de communication nombreuses et perfectionnées. De plus, les salaires y sont à très bas prix, et promettent sur la main-d'œuvre une notable économie. Que lui manque-t-il donc pour que les capitaux anglais viennent s'y fixer ? Un peu de repos et de sécurité. Or, le jour où l'Irlande n'aura plus de plaintes à faire, ce repos et cette sécurité renaîtront.

Tous ceux qui prennent intérêt au sort de l'Irlande voudraient que cette opinion fût fondée ; mais il est deux circonstances importantes dont on ne tient pas compte. D'abord, les mauvaises habitudes et les vices qu'ont engendrés plusieurs siècles d'oppression ;

ensuite et surtout la misère qui résulte de l'excès de la population et les désordres qui en sont la conséquence. Pour que les capitaux prennent confiance et viennent rétablir l'équilibre entre la population et les moyens de subsistance, il faut, tout le monde le sent et le dit, de la sécurité ; mais pour que la sécurité se rétablisse, il faut que les moyens de subsistance ne soient plus, comme ils le sont aujourd'hui, insuffisants pour la population. Il y a là un cercle vicieux dans lequel on peut tourner bien longtemps.

Pour ma part, je ne crois pas que l'Angleterre puisse en être quitte à si bon marché. Cette Irlande si pauvre et si turbulente, c'est l'Angleterre qui l'a faite. N'est-il pas juste que l'Angleterre vienne aujourd'hui à son aide, et contribue, autrement que par des vœux stériles et de bons conseils, à relever un peuple qui lui doit tous ses maux ? N'est-il pas juste, en un mot, que si les capitaux libres reculent devant l'état incertain et agité de l'Irlande, l'Angleterre y supplée à l'aide de capitaux puisés dans le trésor public ? Et qu'on ne dise pas que faire intervenir le trésor public dans des opérations agricoles et industrielles, c'est violer toutes les lois de l'économie politique. La réponse est excellente en Angleterre, où, à la faveur de lois bienfaisantes, une population industrieuse et libre travaille depuis plusieurs siècles à accroître la richesse nationale. Elle est détestable en Irlande, où les lois, jusqu'à ces dernières années, n'ont eu d'autre but que d'étouffer toute activité et toute prospérité. Il y a peu d'années, l'Angleterre s'imposait la somme énorme de 500 millions pour racheter ses esclaves et se mettre en mesure de reconstituer sans injustice la société coloniale. Croit-on qu'elle n'ait pas autant à réparer envers l'Irlande qu'envers les colonies ? et huit millions d'Irlandais pèseraient-ils moins dans la balance que quelques cent mille esclaves et colons ?

Je ne fais qu'indiquer cette idée ; mais plus j'y pense, plus je reste convaincu que, sans un sacrifice considérable de la part de l'Angleterre, l'Irlande ne se relèvera pas. A l'aide de ce sacrifice, de vastes terres pourraient être divisées par parcelles et vendues à bas prix, de manière à créer en peu de temps l'esprit et les habitudes de la propriété, là où cet esprit et ces habitudes manquent si complètement. Les terrains incultes en même temps seraient mis en culture, et les marais desséchés. De grands ateliers enfin s'ouvriraient et détourneraient de l'agriculture une partie de la population. — Si l'on attend tout cela du cours naturel des choses, on attendra vainement.

Il est bien évident, d'ailleurs, que si, à mesure que des capitaux étrangers viennent créer en Irlande de nouveaux moyens de subsistance, la population continue à s'accroître dans une proportion égale ou supérieure, il n'y aura rien de changé. Il faut donc que les Irlandais apprennent que leur sort est entre leurs mains, et qu'ils sont maîtres, par leur imprévoyance, de rendre impuissantes toutes les mesures qu'on prendrait en leur faveur. Aujourd'hui, dans beaucoup de comtés, l'âge moyen du mariage est de quinze à seize ans pour les femmes, de dix-huit à vingt ans pour les hommes, et ces tristes unions se contractent sans souci du lendemain, sans pitié pour les enfants auxquels on donnera la vie. C'est ainsi qu'en dix ans, de 1821 à 1831, la population du Connaught a augmenté de vingt-deux pour cent. C'est presque la proportion des États-Unis américains où pour si longtemps encore, ce seront, à l'inverse de nos vieilles sociétés, les hommes qui manqueront à la terre. A une telle progression, si elle devait durer, il n'y aurait rien à opposer, et l'Irlande serait fatalement condamnée à la souffrance et à la pauvreté. Mais l'exemple de l'Irlande elle-même est là pour prouver que l'extrême imprévoyance suit l'extrême misère. De tous les témoignages recueillis dans l'enquête, il résulte clairement que les mariages précoces ont pour cause principale le manque d'emploi et la paresse. Ceux qui ont quelque chose craignent de perdre leur aisance, et sont plus disposés à attendre. Aussi, par une déplorable anomalie, la population croît-elle bien plus rapidement dans les comtés pauvres que dans les comtés riches, dans le Connaught que dans l'Ulster. Ne doit-on pas en conclure que si les pauvres Irlandais pouvaient concevoir l'espérance d'une condition meilleure, cette espérance les élèverait aux idées de prudence qui leur sont si complètement étrangères aujourd'hui ? Quoi qu'il en soit, c'est là un des côtés importants de la question, un de ceux qui appellent le plus l'attention des moralistes et des hommes d'état.

Ce que je viens de dire suffit, je crois, pour faire connaître mon opinion sur la loi des pauvres, que le gouvernement anglais vient de donner à l'Irlande. Le résultat avoué de cette loi est la construction d'une centaine de maisons qui, sous de certaines conditions, offriront un asile à cent mille indigents. M. de Beaumont démontre à merveille que c'est là un pitoyable expédient, et qu'il n'en peut résulter aucun soulagement réel dans un pays où trois à quatre millions de créatures humaines éprouvent chaque année les angoisses de la faim. Si, dans les maisons dont il s'agit, la vie est douce et commode, tout le monde y voudra être admis, et le choix deviendra impossible. Si la vie y est dure et pénible, ce seront des prisons où se réfugieront les plus paresseux et les plus corrompus. Il est impossible qu'un gouvernement sensé comme le gouvernement anglais n'ait pas senti lui-même toute l'impuissance et tous les dangers d'une pareille mesure. Mais on voulait faire quelque chose pour l'Irlande, et l'on a fait la loi des pauvres, faute de mieux.

Voici donc, en définitive, quelle est mon opinion sur la question économique la plus difficile et la plus compliquée de toutes. Je crois la population irlandaise deux fois trop forte, non pas absolument, mais relativement à la masse de salaires en argent ou en nature qu'elle doit se partager. Si donc il était possible, par l'émigration, de réduire de moitié la population irlandaise, j'y verrais un moyen à peu près certain de lui faire remonter quelques degrés de l'échelle qu'elle a si déplorablement descendue depuis soixante ans. Mais l'émigration, appliquée à quatre millions d'hommes, est une pure chimère. Dès lors il ne reste qu'à agir sur l'autre terme du problème, et qu'à s'efforcer, tout en maintenant la population stationnaire, d'augmenter la richesse nationale, et par conséquent la masse des salaires. Mais dans l'état actuel de l'Irlande, et même en supposant que justice complète lui ait été faite, on ne peut guère espérer que les capitaux anglais ou étrangers viennent affronter les chances d'une nouvelle guerre sociale. Il y a donc pour l'Angleterre devoir et nécessité d'intervenir plus activement, plus efficacement, et de réparer, autant que possible, les maux qu'elle a causés. Je suis, d'ailleurs, bien loin de penser que la réforme économique doive faire ajourner d'un seul jour les réformes civiles, politiques et religieuses, dont M. de Beaumont a si bien démontré la nécessité. Quelle que soit la diversité apparente de ces réformes, elles se tiennent toutes par un lien secret, et concourent au même but. Toutes doivent donc marcher du même pas, sous peine de ne rien faire que d'incomplet et de mesquin.

Maintenant y a-t-il lieu d'espérer que l'Angleterre entre franchement dans cette voie ? La crainte d'ébranler ses propres institutions en touchant à celles de l'Irlande ne la retiendra-t-elle pas au contraire dans le cercle assez étroit où tournent péniblement ses hommes d'état de toute couleur depuis l'émancipation ? Telle est la dernière question. Il faut d'abord remarquer que l'Irlande ne peut rien attendre ni des tories qui sont depuis de longues années ses ennemis acharnés, ni des radicaux qui, malgré le bruit qu'ils font, ne forment encore dans le parlement et dans le pays qu'une faible minorité. Les radicaux, zélés protestants pour la plupart, ont d'ailleurs peu d'entrailles pour l'Irlande catholique. Si l'Irlande a quelque chose à espérer, c'est donc des whigs, auxquels elle doit depuis six ans ce qu'elle n'avait jamais obtenu jusqu'ici, un gouvernement juste et modéré. Cependant les whigs, il faut le dire, n'ont guère moins que les tories de respect et d'affection pour les vieilles institutions du pays. Forcés de se défendre en Irlande contre une aristocratie et un clergé fanatiques, peut-être seraient-ils disposés à enlever à cette aristocratie et à ce clergé une notable portion de leurs privilèges politiques et religieux ; mais la réforme des lois civiles ne les trouverait certes pas si complaisants. Sur ce point, ils ont précisément les mêmes idées, les mêmes préjugés que les tories, et le maintien des grandes propriétés au moyen du droit d'aînesse et des substitutions leur paraît l'arche sainte. Il est donc difficile de supposer qu'ils prêtassent volontairement la main à une réforme funeste selon eux, et qui mettrait le comble à la misère de l'Irlande au lieu de la diminuer. Bien plutôt les verra-t-on encourager les propriétaires irlandais à réunir les parcelles aujourd'hui louées et sous-louées de leurs propriétés, pour revenir ainsi à la grande culture et augmenter le produit net.

Je suppose pourtant que les whigs, éclairés par l'expérience, finissent par reconnaître que des lois bonnes, jusqu'à un certain point, en Angleterre, peuvent être détestables en Irlande, et que ces lois, pour faire le bien du pays, doivent subir des réformes profondes pourront-ils obtenir du parlement qu'il s'associe à une telle œuvre, et ne rencontreront-ils pas, dès les premiers pas, des obstacles insurmontables ? J'en suis profondément convaincu. Voilà quarante ans que l'Angleterre et l'Irlande sont légalement unies et n'ont plus qu'un parlement ; voilà plus de dix ans que sont tombés sous la main du duc de Wellington et de sir Robert Peel les derniers débris des lois pénales. L'Angleterre protestante n'a pu pourtant encore s'habituer à regarder les Irlandais comme des compatriotes, et les catholiques comme des frères. A ses yeux, l'Irlande est toujours une terre conquise, l'Irlandais un vaincu, le catholique un esclave. « Que parle-t-on d'égalité entre les Anglais et les Irlandais ? s'écrie superbement dans la chambre des lords lord Lyndhurst, chancelier du ministère tory. Les Irlandais ne nous sont-ils pas étrangers par la race, par la langue et par la religion ? » « Je le répète après mûres réflexions, dit à Cantorbéry M. Bradshaw, membre de la chambre des communes, les Irlandais, prêtres et laïques, pairs et paysans, sont les ennemis nés de l'Angleterre, bigots sauvages, moins civilisés que les indigènes de la Nouvelle-Zélande. » Et ces audacieuses paroles, après avoir excité des applaudissements frénétiques, trouvent un écho bruyant dans toutes les parties du pays !

On peut prétendre à la vérité que de tels sentiments sont ceux d'une minorité impuissante. Il n'en est point ainsi néanmoins. Ce qui le prouve, c'est qu'aux dernières élections encore, la lutte s'est partout, en Angleterre, engagée sur ce terrain, et qu'en définitive l'opinion de lord Lyndhurst et de M. Bradshaw a obtenu la majorité. On adressait bien au ministère, en passant, quelques reproches sur sa conduite au dehors et au dedans, indépendamment de la question irlandaise ; mais, dès que cette question apparaissait, elle absorbait toutes les autres. N'est-ce pas encore la question irlandaise qui, pendant le dernier intervalle des sessions, a défrayé tous les journaux, tous les *meetings*, tous les dîners politiques ? N'est-ce pas cette question qui a soulevé contre le ministère, et même contre la reine, des colères si véhémentes ? En appelant à de hautes fonctions trois catholiques, parmi lesquels M. Shiel, le ministère et la reine avaient commis un nouveau crime, un crime indigne de pardon. Aussi toutes les tribunes et toutes les chaires s'en sont-elles émues, et n'ont-elles cessé, pendant trois mois, de vomir l'invective et de lancer l'anathème. Lord Melbourne est ainsi devenu un Judas, et la reine une Jésabel. Enfin la société de la réforme protestante, présidée par lord W harncliffe, a prescrit un jeûne universel, en expiation d'un si funeste événement.

Telles sont les fureurs que suscite la politique des whigs, quand cette politique se borne à assimiler, autant que possible, l'Irlande à l'Angleterre, et à traiter les catholiques comme les protestants.

Qu'on juge de celles qui naîtraient si les whigs voulaient s'en prendre à la fois à l'aristocratie et au clergé ! Je ne crains pas de prédire qu'il y aurait en Angleterre un soulèvement presque général contre une si audacieuse tentative. Tout ce que l'Irlande peut demander aux whigs, c'est donc de continuer à la gouverner, comme ils l'ont fait jusqu'ici, avec prudence et impartialité ; c'est aussi de se servir des forces du gouvernement pour contenir l'aristocratie, au lieu de lui prêter appui.

Il est douloureux de le dire, la seule chance qu'il y ait pour l'Irlande d'obtenir des réformes plus radicales, c'est l'avènement des tories. Tous les tories sans doute sont loin de ressembler à lord Lyndhurst ou à M. Bradshaw, et sir Robert Peel, premier ministre, voudrait aussi se montrer juste et bienveillant envers l'Irlande ; mais cela lui serait impossible, et voici pourquoi. Il n'y a point en Irlande de partis intermédiaires et d'opinions moyennes : d'une part, l'aristocratie protestante avec ses passions furieuses ; de l'autre, la démocratie catholique avec ses souvenirs et ses haines. Or, il faut inévitablement que le gouvernement s'appuie sur l'une ou sur l'autre. L'ardente inimitié de l'aristocratie protestante pour le ministère whig ne lui laissait pas le choix, et c'est au sein de la démocratie catholique qu'il a dû chercher son point d'appui. Sir Robert Peel ne serait pas plus libre, et la force des choses lui donnerait, le jour même de son avènement, la démocratie catholique pour ennemie, l'aristocratie protestante pour alliée. Alors cesserait l'espèce de trêve qui, depuis cinq ans, enchaîne les passions de l'Irlande, et fait taire ses souffrances. L'Irlande est aujourd'hui aussi misérable, plus misérable peut-être qu'il y a dix ans, et ses justes griefs sont loin d'avoir obtenu tous satisfaction ; mais le gouvernement est en guerre avec ses oppresseurs, et, tout étonnée d'avoir le gouvernement pour ami, elle supporte ses maux et modère ses ressentiments. Le jour où le pouvoir reviendrait à ses oppresseurs, la réaction serait terrible. On peut prévoir alors entre l'Angleterre et l'Irlande cette guerre sanglante que les tories les plus ardents appellent de tous leurs vœux, et qui remettra en présence les deux races et les deux religions. Ce que sera le résultat d'une telle guerre, personne ne le sait ; mais il est difficile de croire que l'aristocratie et l'église en sortent victorieuses.

Tout le monde comprend d'ailleurs ce qu'il y aurait d'effroyable dans cette dernière lutte, et il n'est pas en Irlande un bon citoyen qui voulût en hâter le moment. C'est pourquoi l'Irlande, sans attendre du cabinet whig la guérison de tous ses maux, soutient ce cabinet avec constance, et s'émeut chaque fois que sa chute paraît imminente.

Abandonnée à elle-même, il est pourtant douteux que l'Irlande, avec ses trois millions d'indigents, pût persister longtemps dans sa modération ; mais l'Irlande, depuis vingt ans, a pris l'habitude d'être agitée ou paisible selon qu'il plaît à l'homme extraordinaire qui règne sur elle par son génie. Cet homme, c'est O'Connell, le plus rare exemple que je connaisse de la persévérance unie à la passion, et de la force aidée par la prudence. Dans un voyage que je fis à Dublin, en 1826, j'eus l'honneur de voir de près O'Connell, et j'avoue que je fus loin de l'apprécier à sa juste valeur. Dès cette époque, j'admirais sincèrement en lui l'orateur puissant qui prêtait aux misères de son pays une voix si éloquente, et dont la parole retentissait dans le cœur de six millions d'hommes ; j'admirais aussi le légiste consommé qui, se jouant, avec une souplesse merveilleuse, de toutes les prescriptions légales, savait, à l'aide de transformations successives, maintenir la grande association dont il était l'inventeur et le chef : toutefois, à côté de l'avocat habile et du tribun véhément, je n'avais pas deviné l'homme politique patient et mesuré. Je n'avais pas supposé surtout que des caractères si divers pussent exister à la fois, et qu'un homme étranger jusqu'à plus de cinquante ans aux habitudes parlementaires de l'Angleterre, dût acquérir tout à coup autant d'ascendant et de puissance dans la chambre des communes que sur la place publique, ou dans les cours de justice. Je prévoyais donc que le jour du triomphe d'O'Connell serait celui de sa chute, et qu'en passant le seuil de la chapelle Saint-Étienne, il laisserait derrière lui la meilleure portion de son influence et de son talent.

On sait qu'il n'en a point été ainsi, et que, tout en conservant ses anciennes qualités, O'Connell a, depuis l'émancipation, déployé celles dont il paraissait dépourvu. On sait que sans cesser d'être l'homme de l'Irlande, il est devenu un des membres les plus importants du parlement anglais. Il semble d'ailleurs que ses facultés se soient multipliées à mesure que s'élargissait le cercle de leur action. Que la chambre des communes soit assemblée ou non, il remplit les journaux, et l'on est tout étonné de le trouver dans la même semaine injuriant l'Angleterre à Cork ou à Dublin, et la flattant à Liverpool ou à Manchester ; attaquant le ministère à Birmingham et le défendant à Londres ; aujourd'hui véhément et amer, demain calme et bienveillant. Et qu'on ne voie pas là l'effet d'une activité désordonnée et d'une mobilité capricieuse. Sous l'apparence du laisser-aller et de l'incohérence, il n'est pas d'homme peut-être dont la vie contienne une unité plus ferme et plus profonde. O'Connell n'est ni whig, ni tory, ni radical. Il est Irlandais, et, pour arracher l'Irlande à l'oppression, tous les partis comme tous les langages lui semblent bons. L'intérêt de l'Irlande, voilà sa pensée dominante, ou plutôt sa pensée unique ; toujours raisonnable d'ailleurs dans sa conduite, quand il ne l'est pas dans ses paroles ; toujours prêt à faire, quand il le faut, le sacrifice momentané de ses affections, de son amour-propre, et même de sa popularité.

On peut dire beaucoup de mal d'O'Connell, et quelquefois il y prête ; mais, tout balancé, sa destinée sera, dans l'histoire, une des plus singulières et des plus glorieuses qu'il y ait. On a vu de grands guerriers changer la face du monde, et de grands rois ou de grands ministres exercer sur les institutions et les mœurs d'un peuple une puissante influence ; ce qu'on n'a guère vu, c'est un homme qui, sans disposer de la puissance militaire ou civile, parvient, par la seule force de la raison et du talent, à affranchir pacifiquement son pays, et à dominer en quelque sorte le gouvernement de qui, peu de temps auparavant, son pays dépendait. Voilà ce qu'a fait O'Connell, et ce qu'il fait encore aujourd'hui. C'est lui qui a conquis l'émancipation, lui qui contient et modère l'Irlande en obtenant pour elle justice et bienveillance, lui qui maintient au pouvoir le cabinet whig à l'exclusion des tories. Et pour qu'il ne manque rien à cette haute situation, chaque année l'Irlande paie volontairement à O'Connell un tribut de 15 à 20,000 livres sterling, récompense bien légitime et bien acquise ; espèce de liste civile populaire qui honore à la fois ceux qui la donnent et celui qui la reçoit.

Que les injures dont chaque jour il est abreuvé ne découragent donc point l'illustre patriote qui soutient avec tant de persévérance et de courage une si bonne cause. En Angleterre, il a et doit avoir des ennemis acharnés ; mais hors de l'Angleterre il n'est pas une âme généreuse qui ne sympathise avec lui, pas un esprit élevé qui ne le comprenne et ne l'admire.

Je reviens au livre de M. de Beaumont, et je termine comme j'ai commencé. Le sujet de ce livre est un des plus intéressants qu'il y ait, et l'auteur s'est montré digne du sujet. Quant à l'étendue et à la variété des connaissances qu'un tel livre suppose, je laisse parler le *Dublin Magazine*, qui appartient au parti orangiste. « M. de Beaumont, dit à peu près textuellement ce *Magazine*, analyse et explique si bien les institutions de l'Angleterre et de l'Irlande, qu'il nous paraît impossible que cette partie de l'ouvrage soit composée par un étranger.

Nous sommes donc convaincus qu'elle lui a été fournie toute faite par un radical de Dublin. » Un tel éloge de la part d'un adversaire vaut mieux que tous les miens.

ISBN : 978-1985339620

www.ingramcontent.com/pod-product-compliance
Lightning Source LLC
Chambersburg PA
CBHW070953220526
45471CB00007B/3007